Jerry André

Dans l'ombre du ciel

Entre les feuillets de mon livre, le temps conte et conte,
[fleuve de patience
qui m'emporte sans que j'avance.

— GUY TIROLIEN, 1943
« Variation sur un thème de souffrance (vécue) »

HORIZON MIRAGE

PEINTURE

Si j'avais du rouge et du talent
Je parcourrais des soleils
Je m'en irais
Vers d'inconnues merveilles...

FANTASME

Ils lèchent les vitrines
De leurs possibilités inavouées
Grattant les cases d'un jeu d'argent
L'espoir à la gorge étouffé
Priant pour la victoire
Pouvoir peut-être se voir
Partir
       devenir
              rêver
                      Se reposer

Aimer sans commercer
Échanger sans détour
S'évader loin des tours
Qu'attendent-ils tous ?
Qu'attends-tu ?

TRISTES VELLÉITÉS

Je ne suis qu'une ombre avenante
Ombre de moi-même ombre pesante
Je n'existe que dans mes rêves
Je ne parle je n'agis et je crève

La bulle glacée de ce monde insensé
Les troubles l'ignorance et la méchanceté
D'ici j'espère au loin un avenir meilleur
Je rêve encore de posséder un cœur

À L'AUBE DU DÉPART

Plus je les connais
Plus ils me dégoûtent
Et mes luttes et mes joutes
Pour eux se perdent toutes

Mes gloires et mes espoirs
Se défont chaque soir
Et à l'aube du départ
Je ne souhaite revenir

Je veux d'un au revoir
Y voir un bel adieu
Pouvoir enfin savoir
Ce qui me rend heureux

AILLEURS

Tourbillon ardent de passions
Rencontre mur de glace insouciant
Un froid gelant le printemps de braises
Qui s'annonçait pourtant joli

Partir
Où quand pourquoi ?
Ils ne comprennent déjà pas
Ce que je dis pour eux ne fait pas sens
Utiliser des mots vides s'effriter
Courber l'échine s'entasser
Pour en vain se faire entendre
Où quand pourquoi ?
Partir

La brise ensoleillée est toujours triomphante
Elle caresse terres et marées
Elle est juste
Dans mon présent mon moi indélébile
Je dois partir la retrouver

LE TEMPS D'UN INSTANT

Je marche dans la ville
Ma pochette remplie
Le goût au bout des lèvres
De mon désir accompli

Illicite possession
En mes mains flamme de vie
Brûle de jour et de nuit
Infinie de tentation

Enfin je m'endormirai sous rires
Enfin je goûterai au bonheur
Ne serait-ce qu'un instant
Ne serait-ce que des heures

VAINE FUITE

Le regard de mes proches m'est triste et précieux
Plongeant dans leur monde malheureux
Je ne peux voir les jours heureux
Seuls les nœuds me semblent vrais
Seule la souffrance ne se tait

Alors je m'en détache
Je quitte tout et sans attache
Je voyage vers d'autres espaces
Des horizons si lointains qu'ils ne m'atteignent pas
Jusqu'à ce que si proches ils deviennent
Que fuir ne me sauve pas

AUTRE MONDE

Dans mon cœur
Un amour pour les humains
Qui ne saurait fléchir

En face de leurs armes et leurs insultes
Je tends la joue tel un prophète
J'accepte et j'encaisse
Je comprends leurs faiblesses
Leurs manquements leurs batailles

Dans mon monde je me vois roi
De terres affables et pacifiques

Regard d'ailleurs je ne sais pas
Si un jour ils se réveill'ront
Si un jour ils ne changent pas
Ce monde tern tel quel mourra

Leur réponse en violence
Ne résout rien
Ni colère ni absence
Ni tristesse ni malchance
La concurrence n'en aime qu'un

Ils s'entêtent pourtant
À combler ce vide
De leurs muscles puissants
De leurs réflexes avides

Vouloir plus mais plus n'est jamais assez
Je ne rêve que d'un monde sensé
Qu'ils font passer pour fou
Ne voient-ils pas béant leur trou
Qu'un souffle d'amour pourrait combler ?

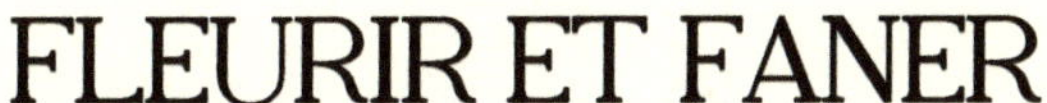

FLEURIR ET FANER

ÉTRANGER

Peu t'importe la force de mes mots
Peu t'importent mes valeurs mes idéaux
Peu t'importent mes études mon cerveau
Peu t'importent ma langue mon ego

Tu ne m'écouteras pas tu ne me verras pas
Tu ne tomberas jamais amoureux de moi
Je me relève droit empli de force et de fierté
Mais sans merci tu renies ma belle humanité

Aucune confiance bien qu'aucune trahison
D'un passé criminel pas de réparation
Hautain tu te tiens contre moi et les miens

Tu fais honte à la terre qui t'a vu naître
Tu fais honte à l'espèce que tu bafoues de plus bel
Tu fais honte à ton âme qui doucement se perd

MA SŒUR (1)

Ma sœur pleine de vie pleine d'énergie
Cet éclat de sourire talent à ravir
Ce firmament printanier qui t'enrobe constamment
Quel est ce secret quel est ce mystère
Qui te rend visible sans te découvrir !

DONNANT-DONNANT

Elle se lève et s'en va
Une autre vient et s'endort

ODE À N.

Un rayon de splendeur
Un rayon de beauté
Une fleur éternelle
Aux bons atouts cachés
D'un élan d'une joie
Elle ne peut que briller !

DOUX CONTACT

J'avais oublié ce plaisir
Te désirer te succomber
En toi m'épanouir
Pleurer de t'avoir retrouvé

Ma voix en pensées silencieuses
Ne peut te décrire te faire honneur
Même dans des images incertaines
Des choses invisibles que les anges
Et les enfants dessinent

Je t'aurais voulu encore éperdument
Toi ton cœur et tes sens
Ton esprit fusionné au mien
Y voir le monde et son essence
Aimer et mourir enfin

TENTATION VAMPIRIQUE

J'avais le cru de ton sang sucré-salé dans ma bouche
Galopant ma langue aux trombes de ta saveur
Franchissant ma gorge et pénétrant mon cœur
Tu m'appartenais et j'étais ton âme-sœur

SAUDADE

Que je défasse ce nœud
Qui m'écrase et me meurt
Que je fasse de nous deux
Une vision de bonheur

Et le soleil frappant
Illuminerait nos corps
Et ferait de nos morts
Des visions d'avenirs

Derrière la fumée
Derrière les buissons
Tu parcourrais mon cœur
Je tracerais des fleurs
Du bout des doigts sur ton visage

Ancrée dans mon esprit ton image
Me serait parvenue en mille endroits
Toujours auprès de moi
Tel un manque-plaisir
Qui ne s'achèverait pas

SOLITAIRE

Ce soir encor dans la démence il part
Un nuage dans un nid liquéfié
Un courage bestial effondré à ses pieds
Les bras ballants le visage tuméfié

Dans sa chute le monde n'existe pas
Pour le monde il ne trébuche pas
Point infime qu'on ne perçoit pas d'ici
Ce qu'on ne voit ne serait donc en vie ?

Solitaire
Il a des cris coincés au fond de sa mâchoire
Solitaire
Il se perd dans la monotonie
L'inertie totale de l'ennui

MA MÈRE

Je voyais en elle
Ma mère (nos mères)
Oubliée dans le devoir
D'un futur espoir
Invisible maltraitée
Fatiguée elle a traîné
Que le soleil se lève
Ou se couche
Je la vois frêle et forte
Résiliente elle emporte
Ses vœux dans un monde autre
Nous ne la voyons plus
C'est un rôle qu'elle joue

MA SŒUR (2)

Ma sœur touchée
Au talon comme Achille
Elle s'est couchée
Défaite et blessée

DANS LES CIEUX DE LA VIE À DEUX

Il y a l'enfer il y a le paradis
Il y a le creux
Laissé par l'un d'eux
Lorsque les sentiments s'égarent
Le chemin mépris
Enclenche prise de distance
Sous emprise de colère
Dans le corps le cœur et le regard
Une peine à ne pas savoir
Si vivre ne se conjugue qu'à l'aurevoir

CONFIDENCE

La voix du soleil
Le vœu d'aller mieux
La chaleur sur les vitres
Que je cherche dès l'éveil

Le froid de la ville
Le parasite en moi
Le malheur d'un imbécile
À fuir dès le premier pas

L'écho de ton cœur
Battant contre le mien
Une union sans peur
La liberté au creux des mains

L'éclat de ton sourire
Perdu dans mon passé
Peu d'espoir d'avenir
Je m'en irai blessé

ELLE M'A DIT

Je suis fatiguée

J'ai traversé les profondeurs des océans
J'ai rencontré des monstres marins effrayants
Qui par tout temps tempête et accalmie
Me mordillaient la peau défaisaient mon esprit

J'ai vu le bleu nuit assoupir mes espoirs
Et la nuit blanche s'emparer de mes joies
J'ai sombré à n'en plus respirer
Sous des décennies séniles visant à m'achever

La flamme d'autrui brûlant la mienne à petit feu
Mon vif devenant terne et pluvieux
Mes larmes embrasées étaient mes seuls aveux

Le gouffre m'appelait
Néant toujours plus béant
Passé grignotant mon présent

Je rêvais

De tomber dans un profond sommeil
Ne jamais plus connaître l'éveil

ÉCLIPSE

J'ESPÈRE

Épuisé
Sans vie
Je languis sur terre
J'appréhende le malheur
La misère
Un lendemain nouveau
Meilleur
J'espère

PAGE BLANCHE

Le malheur d'un poète
Quand les mots ne suffisent à exprimer
Que reste-t-il ?
Des bribes d'intuitions floues
Des pensées invisibles
Des images muettes
Que faire ?
Qu'écrire ?

MACHINE

Parler pour parler pour ne rien dire
Écouter sans écouter ne rien offrir
Vacuité imperturbable et silence sot
Enfin un effarement de son s'échappe
Te suppliant d'arrêter je suis sans mot
Mon visage disparaît et ma voix un échec
Je vis sans résister et je deviens robot

VOLTE-FACE

Comment savoir si je suis ce que je montre
Si aux gens je mens
Je mue en l'idéal d'un instant
Ma congruence se tamise puis brise
Mes visions s'éternisent
La pénombre mauvaise l'emporte
La brume ne laisse entrevoir que peu
De ce que je vis peu
De ce que je vois
Pervertissant la parole les regards
Ce que je sens ne s'entend pas
Ce que je vois n'existe pas
Ce que je pense n'est que hasard
Qui et que croire ?

APATHIE

Cet enivrant pâteux recueil
Est mon quotidien matinal
La paralysie ronge mes veines
Mes peurs et mes peines
Dans ma tête un cri
Un appel à la vie général
Je ne peux écrire
Je ne ressens rien
Ni amour ni colère
Ni existence présente
Ni rêves et attentes
Alors que le soleil à son apogée
Brûle mes chances déjà consumées
Je fixe mon regard dans le vide
Mon esprit se perd translucide
Je m'effondre tout entier
Sans un bruit sans pleurer

FLAMME

Ça brûle la peau le corps
Et j'en demande encore
C'est à ne plus savoir
Si je veux fuir ou me sauver
Passer le cap ou m'échapper

Dehors le froid est la fin de tout
Pourquoi les enfers sont de feu
Quand le feu nous meut ?
La glace nous brise se fait brûleuse
De jours heureux en poudres anxieuses

La brise goudronne mes poumons
Face à la main humaine je succombe
Mes amours qui se noient le jour la nuit luisent
Consommant un poison sans remède aucun
Au soir je m'éveille à l'aube je m'éteins

*

La lueur de mes pupilles s'épuise
La flamme de mon cœur s'affaiblit
Je la pensais pourtant infinie
Ayant bravé vagues et intempéries
Et face à elles aucune défaite

M'a-t-elle abandonné sur un coup de tête ?
L'aurais-je enterrée quand ce fut la fête ?
Sous paillettes insouciantes et cœurs brisés ?
Où et comment la retrouver ?
Je veux la sentir respirer

DILEMME

Le ciel est vide comme mon cœur,
Vide comme le monde vide de sens.
Je cherche et cherche sans trouver
Ni répit ni repos ni leur différence.

En moi résonne chaque expérience,
Quoiqu'infimes, leurs traces et leurs goûts
Me marquent en flammes des pieds au cou
Et ma tête embrumée s'échappe à la volée.

Elle décolle, je la perds, la retrouve sous terre ;
Je chute, aussi vite que je me suis élevé.
Découvrir l'inconnu ? Hier,
Je ne sus ce qu'aujourd'hui je suis.

Mes pensées bleus invisibles, indicibles horreurs,
Trop pansées dans l'oubli, maléfique imposteur,
Je les voudrais tues, qu'importe leur grandeur.

Je tire ou j'attends ?
Je fuis ou je tente ?

LA CONVERGENCE DES OMBRES

Un voile noir
Descendant de nulle part
Déchirant mes pensées
Me broyant tôt ou tard

Assaut de rires et de regards
Des plaisirs sadiques
Ce soir de sortie
Un sas d'esprits sifflotant cent sottises
Le monde entier s'écrasant sur moi

Qui pour l'arrêter ?
Qui pour soigner
Une âme défaite
Oubliée
Esseulée ?

Avec quelles armes
Me défaire de ces bribes démoniaques
De mes peurs massives des rages ?

Est-ce un combat sans fin que je porte
Une vie en contrepoint d'une lucidité écrasante
Un puits de nuances trop vastes et profondes
Une vision que je ne peux supporter
Une prison que je ne peux échapper ?

INSATISFAIT

L'acceptation de notre condition est rude
Lorsque notre souhait est de vouloir autre vouloir plus
Mais rien ne pourra changer réalité
Rien ne me donne bonheur joie ou gaieté
Je demande je demande sans jamais exiger
Rien je ne reçois je reste coi
Face aux braveries de la vie que je ne surmonte pas
Les tristes illusions de mes idéaux
Détruits par ce qui m'entoure
J'en perds mes mots mon sombre adieu
Enterré sous d'infinis maux

FAUSSE BATAILLE

Si mon cœur est triste et mon corps est immobile
Ils ne voient pas la souffrance ils ne voient pas la peine
Ils ne voient pas la peur ils ne voient pas les ténèbres
Ils ne voient pas la douleur projetée par leurs voix
[enragées
Déchirant mon monde ma flamme vacillant à leurs
[pieds

Un mensonge une façade un rempart à une vie
Qui semble déjà par autrui bien ternie
L'enfer c'est les autres quand les autres deviennent moi
Ces démons que je combats personne ne les voit
Illusions maléfiques chimères de pensées horrifiques

Alors cherchant le seuil du ciel seul
Je me perds dans un éternel faux deuil
Un linceul pour la vie une armure à la mort
Transperçant bêtes murs humains et huées
J'en ressors transporté et blessé
Une rafale de flèches me pourfend le cœur

La percée est grande mais la chute infinie
Transcende mon corps transcende mon esprit
Impact brutal sans aucun ressenti
Dans les abysses désespoir loin des cieux de ma vie

EN PLEIN CŒUR

Mon intuition me dit
Que mon cœur se meurt
Une flèche en ampleur
Le traverse de tous côtés

La douleur le tourment
Les larmes les ligaments
Convergent à l'unanimité
C'est mon cœur qui me prend
D'affliction et d'atrocité

Le saccage de battements
Fait déserter la verdure
Tâche de sable sécheresse
Pénètrent ma sanguine forteresse
D'où vient cette brume vénéneuse
Qui me prend totalitaire et heureuse ?

Plus j'asphyxie plus je respire
Cette fumée de mort qui m'attire
Malgré moi dans la paralysie
Je tombe dans le fond de mon lit

Je me perds dans un monde à l'envers
Sans revers de médaille juste misère
Je me perds...

MORNE FUTUR

Le ciel est noir
Et mon cœur
De rage râle et pâlit
Comme si souffrances et maladies
Avaient engendré mon être
Écarlate
Le sang jaillit
Mes yeux perdus dans la lumière ambiante
J'en perds mes mots et je dévale la pente
De l'inconnu maintes fois refusée

Je me relève humain
Hier je n'étais rien
Pourtant rien ne présage demain
Vacuité totale
À accepter sans résister
Alors ma peine devient ma destinée

LE ROI EST MORT

Elle me prend aux tripes
Je ne crie ni ne résiste
Je la prends sans rechigner
Mes mots sans signifié
Me sont si proches si étrangers
Et mes rimes répétées
Me semblent ou bêtes ou trop usées

Je nous veux télépathes
Pouvoir te dire ce que tu ne peux voir
Pouvoir te montrer ce que je ne peux dire
Les visions d'un monde auquel aucun n'a accès
Une explosion qui me percerait à jour
Te percerait à ton tour

Tu saurais que rien n'est excès
Que des larmes se mêlent à mes plus joyeux sourires
Que je me perds souvent dans un désert de souvenirs
Que la tempête se levant m'emporte avec elle
Que malgré l'aveuglement je ne demande qu'elle
Si ce n'est pas dehors c'est ma réalité
D'immenses hauteurs et d'aussi profondes abysses
Que ce jour je vole et file telle vive hirondelle
Je siffle je danse de mes plus belles ailes
Ce jour je plonge je chute je glisse
Le récif m'arrache des plumes mon cœur crisse

Mes lettres manquent
Mes vérités mentent
Mon monde-royaume de fantaisies
Doucement s'affaiblit
Ma couronne fane et devient terne

L'orchidée bleutée le lis perdent vie
Tout n'est que ténèbres froides et grises

Les fougères si vertes si invincibles
Gèlent se brisent mais le pire reste indicible
Dans ma quête un nouvel échec
Un mutisme qu'aucun sens ne délivre
Mes larmes une vague mortelle
Ravageant mes contrées
Que défait je ne peux sauver

DES ASTRES ABSURDES

TRISTESSE LUNAIRE

Mes yeux sous le reflet de la lune
Je m'évade je ne vois qu'elle
Je m'enivre d'elle n'aime qu'elle
Le Pygmalion à sa Galatée
Guide existentiel être enchanté
Fée de contrée autre et oubliée

Dans ce monde nous sommes royaux
Mais ce royaume n'est qu'un joyau
Artefact d'un air qui n'est plus
Préface d'une ère en perdition
Une apocalypse à venir
Une planète à détruire

CONFUSION URBAINE

À mesure que je m'approchais
Des silhouettes humaines
Elles m'apparaissaient

Pierres et métaux
Bancs et plateaux
Piliers et signaux

Elles étaient devenues le vide
Qui imprègne nos esprits de béton
La mort d'une fleur sans bourgeon

Le peu de vie de la ville
Produit de mon imagination
Leçon de solitude et de déception

OFFRANDE CORROMPUE

Il me ramène mon mets
Je dis merci ne perçois rien
Après un temps je me retiens
Pourquoi m'a-t-il rendu ce bien ?

Je le regarde m'en vois faibli
Est-ce un malfrat qui m'a saisi ?
Moi cible facile et terrifiée
Moi être ancestral et répudié ?

Dans ma fuite les ombres suivent
Les fenêtres ivres et les murmures
Vibrent à m'en voir tomber
Dois-je me battre dois-je trembler
Me faire violence ou m'évader ?

FILATURE

Les yeux   *les yeux*   *les yeux*
Les jugements sont dans l'étau
Des yeux   *des yeux*   *des yeux*
De la pénombre à l'éclat
Les yeux   *les yeux*   *les yeux*
Me percent même en solo
Des yeux   *des yeux*   *des yeux*
Torrent de peur s'abat sur moi
Les yeux   *les yeux*   *les yeux*
Ne voient que ce qui n'est pas
Des yeux   *des yeux*   *des yeux*
Dans les rêves et le silence
Les yeux   *les yeux*   *les yeux*
Présents même en leur absence

MÉTRO

Des regards vides se pèsent ou s'apaisent
Une ignorance volontaire un malaise
Des jugements tristes et solitaires
Des histoires et des paroles jetées par terre

SMOG

Est-ce un   humain
Ou un   poteau

                                              Au loin

            L'anxiété revient
      fourbe
                              regards
            sourires   paroles
fourbes
                  saluts   klaxons
      surprises   fourbes
                  pensées
      murmures   caresses
                  fourbes

      Tous   contre   moi

            Fou   malgré   moi

            Je ne peux respirer

IMPASSE TRIPARTITE

Ils me disent génie
Je me sens l'opposé
Incapable de vivre
Incapable d'aimer
Une âme que je sens flétrir
Depuis qu'elle est née
Je déteste produire
Et adore créer
Suis-je insensé
Si je ne vois de sens
Qu'en ce qu'on ne voit pas ?
Serais-je sensé
Si je suivais un chemin
Déjà tout tracé
Menant à tout et à rien ?
Si je suis fou les autres ont raison
Si eux sont fous je n'ai pas raison
Ce n'est pas un cocon
C'est un abandon
Leurs pensées leurs regards
Me rendent dément
Ils souffrent au fond d'eux
D'un monde démon
Que tous consument
Sans poser de questions
Je refuse ce remède mortel
Cette cure empoisonnement
Elle assaille mon âme
Et me fait pleurer
Pour avoir une vie
Faudrait-il la gagner ?
Ne sont-ils rien

Ceux qui demandent des miettes
De pains de pièces et d'humains ?
Serait-il trop tard
Pour un nouveau départ ?

Ils me disent
Ça ne changera pas
Cesse de penser tout ça n'aide pas
Ils auront causé mon trépas
Parfois ils s'enivrent
Ils s'enfument et se livrent
À des échappatoires fausses
Tout pour éviter la fosse
Éviter de chercher ce qui n'est pas
Un risque dans lequel je plonge
Le cœur de ma lucidité
Le cœur de ma folie
Un manque de sens qui me ronge
Un doute omnipotent
Hantant chaque pensée chaque émotion
Chercher la fin d'un instant sans début
C'est pointer la vie et regarder la lune
Se perdre dans un tourbillon sableux
De lames et de braises dans le crâne
Des larmes s'affaissent dans mon âme
Je tente la renaissance
Mais c'est l'acceptation
Qu'il me faut acquérir
Ou est-ce résignation
Qui me ferait guérir
Et en même temps tuerait
Mes plus beaux idéaux
Qui dans un vieux tableau ne seraient
Que des astres et des chats faux ?

Ils me parlent de nature humaine
Comme si de la nature
Nous étions toujours proches
Dans un mensonge ils délivrent
Un dernier coup d'encoche
Une faille profonde
Dans mon cœur démuni
J'acquiesce et sans voix
Je deviens terreur sombre
Et aveugle à ma voix
J'échappe à mon destin
Après tout être là
N'est que le début de la fin

NON-SENS

Brûlez du bois,
L'argent pleuvra.
Brûlez des gens,
Le monde tiendra.

PESSIMISME

Je souhaite m'effondrer
Dans le sol m'effacer
Oublier les amas d'erreurs
D'une terre entière
De moi-même

Si je trébuchais
Le monde continuerait sa ronde
Disgracieuse
Malheureuse

Si je trébuchais
Ma lignée ne serait rien
Des pixels d'oubli en un saint
Désert incertain

Un monde promis à ceux qui n'ont rien
Un monde promis à ceux qui sont seuls
N'ont d'espoir que la vie qui leur reste
Que si peu s'abreuver de sagesse
Ne sauve en rien n'apporte pas de paix
Une lutte infinie aux détours sans répit

Cette énergie de vie
En nous si divine
Rendant survie possible
Est aussi cauchemar
Que nous souhaitons fuir
Pour s'épanouir et devenir
Ce que l'on a rêvé

Mon avenir tronqué

N'existe plus au présent
La conjugaison nouée
Dans une gorge sanglante
J'attends la fin qu'on m'a promis

Un mensonge de plus une impasse
Une déception reçue en pleine face
Pénétrant les orifices et l'esprit
Une roue dans laquelle tourner
Sans réel but sans réelle pensée

Un cycle non nouveau pourtant peu vieux
Tous les jours porteur de jours heureux
Illusions
Qui le resteront

EMBUSCADE URBAINE

Un skate et un bouquin
Dans les mains
Ils ne savent pas
Qu'un Noir est un être humain
De son balcon il beugle
« Wesh négro ! »
Tombé de mon tombeau
À quatre roues et virevoltant
Je me reprends je me retiens
Et je continue mon chemin
Un inconnu dans la ville
Une embuscade de plus
Devrais-je alors me dire
Que ceci n'est pas grave ?
Que j'en veux toujours trop ?
Que j'ai toujours un toit un lit ?
Que j'ai toujours une vie ?
Qu'importe la grosseur de la merde
Faudrait-il à tout prix l'avaler
Sans gerber faire le fier
Se tenir droit pendant que nos viscères
Pourrissent en attirant les vers ?

CARTE BLANCHE

Je les sens jusque dans les murs
Les oreilles et les regards
Dans leurs yeux
C'est le trépas
Je ne suis pas respecté
Les parties de mon corps
Ne m'appartiennent plus
Fantasme lubrique
Aux yeux d'étrangers
Je deviens robotique
Quand je ne peux m'échapper
Ma voix ne s'allume plus
Elle crie intérieurement
Et quand bien même elle s'exprime
C'est dans un bégaiement
Inconstant et insensible
Inchangé au fil du temps
Je suis un dédoublement
Le jour parler
Devient un effort
La nuit parler
Devient liberté
Seul enfin
Je me parle souvent
Je deviens fantastique
Dans une fluidité secrète
Mes mots se déversent
En un fleuve serein
Que sans peine je traverse

IMPASSE MORTELLE

Aujourd'hui une âme perdue
S'est perdue pour de bon
Dans le dédale il y a une limite
Que peu d'âmes traversent
Que peu d'âmes survivent

ICI

L'anxiété s'envole
Mais l'essentiel reste
Le stress revient en essence
À la défaite je cède
Combien de fois
Combien de fois
Avant que je ne me relève
Combien de vies
Combien d'âmes
Avant que je ne m'achève

Les fragments de ma voix
Ne raisonnent qu'en silence
Dans le doute et l'émoi
Les espaces de mes mots
Ne vous appartiennent pas
Trop de ci peu de ça
Cette vie devient trop laide

Car ici est trop sombre
Et ici est trop froid
J'aime le soleil sur ma paroi
Celui qui brûle et qui enflamme
J'aime sentir la chaleur
S'emparer de moi
Celle qui me pousse à l'éveil
Quoi qu'il en soit

Ici l'air est suffoquant
À chaque bouchée
Nous nous détruisons

Ici la ville veille
En attire plus d'un
Bon vieux ou bonne vieille
Même à trois heures du matin
Trace sa route et sort
Son perturbateur engin

À Merveille pourtant
Il y avait des miracles
Mais le temps est passé
Et le temps les maltraite

Je ne vois alors la beauté
Que quelques épars instants
Des visions de plaisir
Des présents du moment
Des brises d'existences
Des brises d'avenirs
Abreuvant mes espoirs
De vie

HORIZON ESPOIR

UN VŒU

Cette lueur ce même espoir
Maître de mes plus grands exploits
Cette envie de vie quelle gloire
Quelle chance si elle brille

Car dans le noir elle est reine invincible
Témoin de cicatrices tristes
Le temps traversé la délie
Sa puissance avec lui grandit

Avec l'âge la sagesse nous vient
Jusqu'à nous faire changer de chemin
Tel ce que je veux qui m'émeut car n'eut
Dans mes années passées aucun écho

Je voudrais déverser les grains du sablier
Remonter la pente pour mieux la dévaler
Jeter le dé changer le sort
Perdre regrets garder remords

Les perdre tous n'avoir qu'un vœu
Celui de vivre et d'aller mieux

AFFRONT

Il avait pourri le cocon que je devais retrouver
Partir à la reconquête d'une terre saccagée
Lui insuffler mes vers et mes libertés
Pour enfin savourer ses plus grandes beautés

FONTAINE, JE NE BOIRAI PAS DE TON EAU

Jamais je n'atteindrai les flancs cachés
Les hauteurs innommables et les âmes encensées
Jamais je ne saurai défaire mes liens et mes peines
En faire une puissance dont mon âme serait reine
Jamais jamais *jamais*
Fontaine je ne te boirai

DIVINE

Mon dieu est déesse
Amante fille mère guerrière
Elle est lune soleil ciel et terre
Elle est air que je respire et qui m'enterre
Elle est diablesse angélique
Scarifiée puis sacrifiée pourtant si splendide
Elle est multiplicité
D'une facette imposée se dévoile en un millier
Elle est terreur et terreau de ma naissance
Vit en mon sang me témoigne sa prudence
Et même heurtée presque décimée
Elle se relève et se révèle désordre et majesté

CROISADE

Elle m'a transmis les clés du pouvoir
M'a effleuré la tête pour me donner espoir
D'aveugler les yeux monstrueux qui me suivent
Que je ne sois plus épié enfin que je vive

Les faibles et leur supériorité mensongère
Ne peuvent percevoir notre grandeur céleste
Enchantant nos âmes nos esprits d'un seul geste
Apparaît résilience force d'une autre ère

Nos pas de géants reflètent nos mouvements
Une essence accablante source de renaissance
De notre vitalité partagée

Bravant mille feux mille prédateurs
Cueillant les bourgeons de ce qui nous fut promis
Que croissent et triomphent les fleurs de nos bonheurs

DEMAIN

Le futur est présent
Passé d'un lendemain possible
Nous savourons les petites joies
Au grand air
Plus de secret plus de cachette
Nous respirons enfin soufflons
Des vœux oubliés
Par leurs réalités

J'AURAI

J'aurai acquis l'expérience et la sagesse
J'aurai vu jeunesse et vieillesse renaître
Me donner les clés d'un monde nouveau
Un monde caché aux yeux des bébés
Un monde atterré de souffrances non dites
Paroles indicibles devenant fins inédites

Qu'avait-il qu'il ne montrait pas ?
Qu'elle pensait dont elle ne parlait pas ?
Qu'il sentait qu'il ne pouvait pas ?

J'aurai marché sur le pont du trépas
J'aurai fermé des portes entrebâillées
J'en aurai ouvert une en entier
J'aurai visé les étoiles échappé à la chute
Et enfin le chemin parcouru
J'aurai rendu visions réelles
Et vécu de ma plume

DE CENDRES, FEU !

Regarde, là-haut, dans le ciel !
Ces oiseaux sont des anges ;
Leurs ailes les portent vers le soleil
Et ils reviennent sans un éclat,
Sans teinte vive, juste un mélange
De quelques nuances sombres. Vois !
Leurs couleurs sont cachées sous les plumes
Et doucement elles les consument.
Et un jour, tu verras,
Un phénix apparaîtra !

CYCLIQUE

Si mes racines sont pourries
Je veux que mes branches fleurissent
Que bourgeonne l'espoir
Sur l'arbre de la vie
Ma vie
Sur ceux que je verrai
Non faiblir et périr
Mais croître et mûrir

*

Les braises florales ne fanent pas
Elles dévoilent des laves de résine triste et forte
Des poussières s'engouffrant sous nos pieds
Pour que sur leur mort naisse la vie

PAS À PAS

J'ai lu souffert appris et déchiré
Des pans de mon passé qui enfin revêtus
Tracent la voie devant malgré le brouillard
C'est un défi que de se suivre dans le noir

Avancer trébucher s'égratigner mais avancer
Rien n'est interdit rien n'est échec
Un coup d'œil derrière soi un regret un espoir
Sont des pas à tâtons mais des pas quoi qu'il en soit

Continuons à l'aveugle dans la jungle existentielle
Où tout est danger tout est risque potentiel
Où surtout l'inaction peut nous être mortelle

Disons chantons crions ce que nous vivons
Pour que nos chemins se (re)croisent
Dans le chœur de nos vies

Qu'enfin de ce labyrinthe
Nous trouvons la sortie

AVERSES FERTILES

ENCORE

Je vais mieux mais ne suis inspiré
Que quand tout sombre et je ne peux m'exprimer
Ô quel paradoxe auquel je me sens succomber
Pour provoquer des élans de poèmes
Des merveilles intuitives aux métaphores bohèmes
Comme si je me refusais l'équilibre ou la santé
Pour goûter l'art en un cœur malmené
Pour me perdre sous les arbres de quelques mots
                                              [blessés
Pour ne faire que répéter des plaintes égocentriques
Est-ce mon talent mon espoir ma matraque ou ma
                                              [trique
Quand je mords mon passé tel ouroboros infini
Quand je me perds dans le noir tel un bonhomme
                                              [indécis
Quand j'alterne vierge pureté et lubrique fantastique
Si c'est moi qui m'exprime quel est le sens de ma vie
Qui est ce je qui renaît de trépas
Qui trop de fois a changé trop de fois sans la foi
Qui revient condamné sans grâce et sans joie
Je aimerait croire ou y voir une issue
Je aimerait aimer comme il pensait l'avoir vécu
Mais je est fantaisie intensité écho du faux
Ce qui est irréel je le ressent et je en fait trop
Mais qui suis-je sans jeu balançant de la vie à la faux ?
Le puits de cette ombre est mon plus grand défaut
À mon malheur peut-être ma plus grande défaite
Je se demande encore si j'ai perdu la tête...

CE QUE LE TEMPS NE GUÉRIT

Cette nuit la lune pleine
Comme mon cœur d'espoir
Reflète l'esprit terne
D'autres dans la souffrance
Et dans le désespoir

Ai-je mérité ce que j'ai
Alors qu'en bas des corps s'amassent
En transe pour se panser
D'une prison sans nom

Quand avec soi être enfermé est évident
Je me tourne vers le monde
Une confrontation autant qu'une rencontre
Des jugements de plus chaque seconde
Une flamme ténue face à la pénombre
Trouvaille d'âmes sœurs dont les ombres résonnent
Des êtres égarés dans une lutte inféconde

Le dédale hurle quand on le coupe
Le traverser demande résilience
Quand les pensées se fondent ensemble
Être immergé dans le bain monde
Est un choc une conquête
Voyez tous ces êtres qui en ont perdu
Le cœur ou la tête en finissent déçus

La vérité est absolue
Elle résout tout même l'inconnu
C'est le silence qui la tue
L'orgueil de choses éphémères
Face aux assauts de l'univers

PAIX

Instable lueur protégée de nos mains
Fruit de nos pensées de nos peurs
Présente pour nous rien

Perdue pourtant pleurée
Clamée par des foules déchaînées
Idée vaine et méprisée
Dans des affronts pour la renommer

Puis quand en possession si fragile
Une blessure d'un imbécile
La transperce le ventre à terre
C'est tout un peuple qu'elle enterre

À LA MERCI DE TOUS

T'as tout l'monde qui s'enjaille
Pendant que j'meurs dans un lit
Des paillettes plein la tête
La journée fut ma fête
Je suis en découverte
Permanente
De mon être fuyant
Qui pourtant est présent
Malgré les mensonges et les masques
Malgré les peurs qui s'amassent
À nu révélé
Aux yeux du monde entier

MONSIEUR

Tu m'appelles monsieur
Et la réalisation que j'ai grandi
Me terrifie

Je suis encore un enfant
Je découvre la vie
Les méchants
Et les tous premiers
Moments

Je rêve d'expériences
Inachevées
D'un présent sans encombre
Et j'attends de demain
Qu'on me tende une main

QUI SUIS-JE ?

Je suis celui que je ne suis pas
Homme qui voudrait être mais ne sait pas
Quel avenir incertain lui est réservé
Quel passé troublant l'a profondément marqué

Je suis celui que je ne rêve pas d'être
Être malheureux inconstant instable
Au bord de la falaise de la maladie mentale
Être opposé à l'idée de paraître

Je suis l'invisible que notre monde renie
D'une couleur trop foncée pas assez jolie
J'en fais ma plus grande richesse ma plus grande
[beauté
Je m'en empare comme un symbole de fierté

Je suis ma mère mon père toutes leurs qualités
À mon plus grand malheur toutes leurs cruautés
Dont j'ai mille fois tenté de m'extirper
Écho de mon parcours des épreuves surmontées

Je suis l'ombre de moi-même plus souvent que
[rarement
Je partage des faux et fous rires tout le temps
Mais les plus sincères vous seront invisibles

Je suis paradoxal complexe et complexé
Les problèmes que je crée ouvrent la porte de
[l'exutoire
De souffrances se nourrit mon inspiration masochiste
Je tente de m'exiler dans l'incompréhension
Mais le monde encore et toujours m'attend au tournant

Aujourd'hui comme dénouement
C'est les armes que je rends
Je ne sais pas qui je suis

VISION INCANDESCENTE

Je me démène encore
Déçu de moi-même
Incapable de dormir
Hanté par une image
Non sereine
Moi-même
Mes plus belles prouesses
Mes failles les plus profondes

Me voir volontiers
Me voir en entier
Serait me voir fier
Sans peur et sans danger
La liberté n'existe
Que dans la solitude

Attaqué par mégarde
Je réplique de toutes parts
Blessé encore une fois
Il me faut recréer
De mon sang arraché
Je renais dans la terre
Une ascension évanescente
Car je ne m'appartiens pas
Nous sommes des êtres passagers
Dans ce monde incertain
Demain de nous il ne restera rien

SUR LE FRONT

Ce que je suis ne peut être guéri
Il nous faut changer le monde pour que l'on soit
                                          [changé
Épanouis nous sommes selon un mode de vie
C'est la face entière de la Terre que l'on doit recréer

Je plaide pour qui tente de comprendre
Qui tente de percevoir avant de juger
Qui tente de savoir avant de nier
Ne clamant déraison comme raison

Nous voulons la vraie la juste
La foi inespérée en la vie
Sa soif pour toujours inassouvie
Nous perdant nous démenant
Dans un labyrinthe de luttes

BRISE D'EXISTENCE

Je sais ô combien mon art est incomplet
Mais n'est-il pas de moi mon être au complet
Ne représente-t-il pas ce que je garde secret
Tel un jardin interdit à voir de plus près ?

Je suis mon art sans rythme sans saveur
Sans rajout figure ou senteur
Je suis la noirceur incarnée
Dans un monde sans cesse dilapidé

Je suis la chute l'espoir infime
Qui renaît de ses cendres du fond d'un abîme
Je suis le trou noir nommé désespoir
Touchant ma cible une seconde trop tard

Une plume noyée dans son propre sang
Dans un silence à n'en pas connaître la fin
Jusqu'à ce que ma main se souvienne du chemin

TEMPÊTE

Quand les insultes pleuvent
Quand l'humain se dessèche
Quand la haine s'abreuve
Quand le jour se fait bref

En silence je hurle de rage
J'écrase mes peines contre des orages
Une justice que j'espère voir fleurir
Un droit de vivre refusant de faiblir

ANGÉLIQUE

Immaculé de lumière
Mes cheveux blonds halo d'air
Brun rayon de soleil m'emporte
La chaleur de la sève me possède
Je fonds feu de fontaine
Des eaux diverses ruisselant sur ma peau
Je vis en même temps que je crève

PREMIER SOLILOQUE

J'ai l'espoir incertain
De devenir quelqu'un
« Quelqu'un pour toi c'est quoi ?
Un homme qui écrit mais ne parle pas ? »
Quelqu'un
De bon ou de bien
De droit ou de sain
Je n'en sais rien
Je veux suivre ce que mon cœur me dit
Survivre connaître aider
Transformer mes fardeaux en libertés
Faire ne plus seulement rêver

Si cette aventure prend fin c'est parce qu'une autre prend vie. Merci à celles et ceux qui m'ont soutenu, m'ont offert leur aide et leur amour, de loin ou de près. Je ne vous nomme pas mais je vous porte dans mon cœur. Merci aux compagnons de voyage et aux brèves et belles rencontres. Merci à mes pairs artistes et poètes, défunts ou contemporains, pour leurs perspectives et leur inspiration éclairantes. Merci à toi, lecteur, lectrice, pour avoir tourné ces pages et fait vivre mes mots et mes pensées-sentiments ainsi que les tiens.

*

Pour me contacter : jerrydandre@gmail.com

TABLE DES POÈMES

HORIZON MIRAGE

FLEURIR ET FANER

ÉCLIPSE

DES ASTRES ABSURDES

HORIZON ESPOIR

AVERSES FERTILES

www.ingramcontent.com/pod-product-compliance
Lightning Source LLC
LaVergne TN
LVHW041722190726
843493LV00007B/2202